어린이 삼국유사 ①

어린이 삼국유사 편찬위원회 글 | 한창수 그림
한국역사연구회 추천 및 감수

주니어김영사

머리말

《어린이 삼국유사》를 읽는 어린이들에게

자랑스러운 민족 문화를 깨닫는 첫걸음

 우리가 조상들의 삶을 알 수 있는 것은 우리에게 남아 있는 유물과 유적을 보고서 가능하지요. 그 중에서도 글로 남아 있는 책은 정말 소중한 역사 유물입니다.

우리나라 역사에 관심을 갖게 되면, 조상들이 훌륭한 민족 문화를 지켜 온 것에 대해 저절로 자랑스러운 마음이 생기고 뿌듯해진답니다. 만일 조상이 잘못한 점을 발견하게 되더라도, 우리는 다시 그런 잘못을 되풀이하지 않도록 조심하면 됩니다.

이러한 점에서 이번에 새롭게 엮은《어린이 삼국유사》는 어린이들이 우리 역사에 관심을 가질 수 있도록 알기 쉽게 꾸몄어요.《어린이 삼국유사》는 고구려, 백제, 신라 때에 일어났던 일을 중심으로 엮은 거예요.

《어린이 삼국유사》를 통해서 삼국 시대 사람들이 어떻게 살았고, 무슨 생각을 했는가를 알게 될 거예요. 그것이 바로 우리의 자랑스러운 민족 문화를 깨닫는 첫걸음입니다. 아울러 우리의 역사를 이해하면서 우리의 마음과 눈은 좀 더 넓어지고 깊어질 겁니다.

어린이 삼국유사 편찬위원회

인물의 삶으로 읽는 역사의 큰 흐름

우리는 현재를 살고 있으며, 마땅히 현재에 충실한 삶을 가꿔야 합니다. 그런데 현재는 홀로 존재하는 것이 아니라, 과거와 떼려야 뗄 수 없는 밀접한 관계입니다. 따라서 과거, 즉 역사를 알아야 비로소 현재를 온전하게 살아갈 수 있어요. 그런데 역사를 따분하고 어렵게 생각하는 어린이들이 많아서 우리나라 역사에 대해 제대로 알지 못하는 어린이들이 많아요.

이번에 주니어김영사에서 출간한 '처음 읽는 우리 역사' 시리즈는 주요 역사서를 기본 토대로 인물 중심으로 역사를 구성했어요. 인물을 중심으로 한 구성은 인물의 삶에 동화되어 역사의 흐름을 실감나게 느끼도록 해 주지요. 게다가 인물의 삶에 드러난 역사의 흐름을 조목조목 짚어 주어, 어린이들도 쉽게 역사적인 사실을 알 수 있습니다.

어린이들이 '처음 읽는 우리 역사' 시리즈를 통해 역사에 더욱 가까이 다가가고, 그로 인해 모든 사람들의 노력이 결실을 맺으리라 믿습니다.

한국역사연구회

어린이 삼국유사 1

신화를 간직한 왕들

- 삼국유사에 대하여 _ 8

고조선 시조 **단군왕검**

사람들이 사는 세상을 다스리고 싶은 환웅 _ 10
환웅이 세상으로 내려오다 _ 13
사람이 되고 싶은 곰과 호랑이 _ 16
단군왕검이 태어나다 _ 22

동부여의 왕 **금와**

천제의 아들 해부루 _ 24
개구리 모습의 아이 _ 26

고구려 시조 **고주몽**

유화를 만난 금와왕 _ 30
알에서 태어난 주몽 _ 32
동부여를 떠나는 주몽 _ 40

신라 시조 **박혁거세**

여섯 고을 촌장 _ 46
알에서 태어난 박혁거세 _ 48
부리 달린 알영 _ 54

가야 시조 **수로왕**

9간들이 다스리는 나라 _58
하늘에서 내려온 황금 상자 _62
수로왕을 찾아온 탈해 _64
배를 타고 온 허황옥 _68

상자에서 나온 **탈해왕**

상자에서 나온 아이 _74
호공의 집을 빼앗다 _79
남해왕의 사위가 되다 _84
왕위에 오른 탈해 _88

황금 상자에서 나온 **김알지**

숲속에서 나오는 이상한 빛 _90
황금 상자와 흰 닭 _94
황금 상자에서 나온 알지 _99

동해의 용이 된 **문무왕**

당나라 군사를 물리치다 _104
명랑 법사의 도움 _106
당나라 고종을 속이다 _111

• 부록 고구려 왕조 계보 _116
  백제 왕조 계보 _117
  신라 왕조 계보 _118

하나, 《삼국유사》는 어떻게 만들어졌나요?
둘, 《삼국유사》의 구성은 어떻게 되어 있나요?
셋, 《삼국유사》는 《삼국사기》와 어떻게 다른가요?
넷, 《삼국유사》를 쓴 일연은 누구일까요?
다섯, 《삼국유사》를 통해 우리는 무엇을 알 수 있나요?

하나, 《삼국유사》는 어떻게 만들어졌나요?

《삼국유사》는 고려 충렬왕 때 스님인 일연이 쓴 역사책이에요.

일연은 일생 동안 모은 신화, 전설, 설화, 신라의 향가 등의 자료를 가지고 《삼국유사》를 혼자서 썼어요. 그래서 나라에서 앞장서서 만든 《삼국사기》보다 훨씬 자유롭게 쓸 수 있었어요.

《삼국유사》의 '유사'는 '남겨진 이야기'라는 뜻이에요. 고구려, 백제, 신라 삼국의 역사에서 정식으로 다루지 않고 빠진 이야기가 담겨 있다는 뜻이지요. 또 《삼국유사》에는 삼국 이외에도 고조선, 부여, 가야 등 여러 나라의 역사와 기이한 이야기, 불교와 관련된 이야기들이 많이 담겨 있어요.

이러한 《삼국유사》는 《삼국사기》와 더불어 우리나라에 남아 있는 가장 오래 된 역사책이에요.

《삼국유사》는 《삼국사기》보다 100년이 지난 뒤에 나왔는데, 그 동안 고려 사람들의 변화된 생각이 반영되어 있어요. 중국에서 한족이 세운 송나라가 망하고 몽골족이 세운 원나라가 들어서자 고려 사람들은 생각이 바뀌었어요. 《삼국사기》에서 바탕이 되었던 중국을 제일로 여기던 사대 의식이 무너진 것이지요.

더군다나 《삼국유사》는 고려가 원나라의 지배를 받을 때 쓰였기 때문에 고려 사람들은 자신들의 고유한 문화와 역사에 더 관심을 갖게 되었어요.
　이러한 분위기 속에서 일연은 《삼국유사》의 맨 처음에 고조선의 건국 신화인 단군 신화를 썼어요. 우리 역사의 출발점을 고조선으로 삼는다면, 고구려, 백제, 신라로 나뉘었던 우리나라가 고려에 와서 다시 하나로 합쳐진 것이 되어요.
　《삼국유사》가 나온 이후 우리나라의 역사는 고조선에서 출발했다고 생각하게 되었어요.
　이러한 역사 의식은 지금까지 이어져 우리 민족은 단군을 조상으로 한 한민족이라는 생각을 하게 된 것이지요.

고조선 시조
단군왕검

단군왕검은 평양성에 도읍을 정하고 나라 이름을 '조선'이라고 했습니다. 그 뒤 단군왕검은 도읍을 아사달로 옮기고 1500년 동안 나라를 다스렸습니다. 단군왕검이 세운 조선이 우리나라에서 가장 먼저 세워진 나라인 고조선입니다.

❈ 사람들이 사는 세상을 다스리고 싶은 환웅

아주 먼 옛날, 하늘나라를 다스리는 환인에게 환웅이라는 아들이 있었습니다. 환웅은 다른 형제들과는 달리 하늘나라보다 사람들의 세상에 더 관심이 많았습니다.

'저 아래 세상은 어떤 곳일까?'

환웅은 늘 까마득한 하늘 밑 땅을 내려다보며 궁금해했습니다.

"사람들이 사는 저 땅에 내려가 보았으면……."

그때까지 땅 위에는 아직 나라가 없었습니다.

환웅은 땅으로 내려가 사람들이 사는 세상을 다스려 보고 싶었습니다.

어느 날 환웅이 땅을 내려다보고 있는데, 환인이 다가와 물었습니다.

"무엇을 보고 있느냐?"

환웅은 아버지에게 공손히 대답했습니다.

"저 아래 땅을 보고 있었습니다."

"땅에 참으로 관심이 많구나. 그래, 땅을 보면서 어떤 생각을 했느냐?"

환웅은 평소에 궁금해하던 것을 아버지에게 물었습니다.

"땅에는 수많은 사람들이 살고 있는데, 사람들은 누가 다스리나요?"

환인은 아들의 물음에 빙그레 웃으면서 대답해 주었습니다.

"저 아래 땅은 이곳 하늘나라와 달라서 아직 다스리는 자가 없단다. 앞으로 가장 꾀가 많고 뛰어난 사람이 나타나 그 일을 맡게 되겠지."

환웅은 아버지의 말에 고개를 끄덕였습니다.

"그럼, 땅에는 아직 왕이 없군요."

"그렇단다."

"아버님, 저는 사람들이 사는 저 땅에 내려가고 싶어요."

환웅은 아버지에게 간절한 눈빛으로 말했습니다.

"땅에 내려가면 무엇을 하고 싶으냐?"

"저는 땅에 내려가 살면서 사람들이 살아 있는 것들을 해롭게 하거나 저희들끼리 서로 다투거나 하는 나쁜 일들을 못 하게 했으면 좋겠습니다. 그리고 사람들이 살아가는 데 필요한 일들을 여러 가지로 도와주고 싶습니다."

환웅은 아버지에게 마음속에 품고 있던 생각을 모두 털어놓았습니다.

"음, 그 말은 네가 땅에 내려가서 사람들을 다스리고 싶다는 뜻이냐?"

"그렇습니다."

환웅은 자신의 뜻을 분명히 밝혔습니다.

"네 뜻이 정 그렇다면 내가 여러 곳을 살펴본 다음에 사람들에게 도움을 줄 수 있는 좋은 곳을 찾아 주겠다. 그러니 좀 더 참고 기다려라."

환인은 그날부터 환웅이 땅에 내려가서 사람들을 다스리기 좋은 곳을 찾아보았습니다.

❋ 환웅이 세상으로 내려오다

그러던 어느 날이었습니다.

환인은 태백산을 내려다보다가 환웅을 불렀습니다.

"아버님, 부르셨습니까?"

"그래. 내가 사람들을 널리 이롭게 하기에 좋은 곳을 찾아냈다. 그러니 너는 하늘나라를 떠나 그곳으로 내려가거라. 그리고 내려갈 때에는 이것을 가져가거라."

환인은 환웅에게 청동으로 만든 거울과 칼과 방울을 주었습

니다.

"이 세 가지 물건은 나라를 다스리는 데에 필요한 것으로, 아주 신기한 힘이 있다. 이것만 있으면 어떤 어려움이라도 이겨 낼 것이니 소중하게 간직하여라."

환웅은 아버지가 준 물건들을 품속 깊숙이 넣었습니다. 그러고는 3000명의 무리를 거느리고 태백산 꼭대기에 있는 신단수 아래로 내려왔습니다. 신단수는 '신성한 나무'라는 뜻입니다.

환웅은 땅에 내려오자마자 하늘나라에 제사 지낼 제단을 만들었습니다. 그러고는 그 아래쪽에 터를 닦아 마을을 만들었습니다.

그날부터 환웅은 바람을 맡은 신과 비를 맡은 신, 구름을 맡은 신을 거느리고 세상을 다스리기 시작했습니다. 사람들은 환웅을 '환웅 천왕'이라고 불렀습니다.

환웅 천왕은 사람들에게 농사짓는 법을 가르쳤습니다. 또 사람들의 목숨을 보호하고 질병을 낫게 해 주었습니다. 좋은 일을 하는 사람에게는 상을 내리고, 나쁜 짓을 하는 사람에게는 벌을 주는 일도 했습니다.

환웅 천왕은 이렇게 사람들을 위해 360여 가지나 되는 일을 맡아보았습니다.

❈ 사람이 되고 싶은 곰과 호랑이

환웅 천왕이 사는 곳 가까이에 동굴이 있었습니다. 그 동굴 속에는 곰 한 마리와 호랑이 한 마리가 살고 있었습니다.

곰과 호랑이는 오래전부터 사람이 되고 싶어했습니다.

"우리도 사람이 되면 얼마나 좋을까?"

"환웅 천왕님을 찾아가 부탁해 보자."

곰과 호랑이는 환웅 천왕을 찾아갔습니다.

"환웅 천왕님, 우리도 사람이 되게 해 주십시오. 소원이니 꼭 들어주세요."

"너희들 소원이 정 그렇다면 사람이 되게 해 주지. 그러나 내가 시키는 대로 하지 않으면 사람이 될 수가 없어. 내 말을 알아듣겠느냐?"

환웅 천왕의 말에 성미 급한 호랑이가 먼저 대답했습니다.

"사람이 되게만 해 주신다면 무슨 일이든지 다 하겠습니다."

환웅 천왕은 호랑이의 말을 듣고 빙그레 웃더니 곰에게 물었습니다.

"너도 호랑이와 같은 생각이냐?"

"예, 환웅 천왕님. 사람이 될 수만 있다면 어떤 어려움도 이겨 내겠습니다."

환웅 천왕은 곰과 호랑이에게 신령스러운 쑥 한 줌과 마늘 스무 쪽을 나누어 주었습니다.

"이 쑥과 마늘만 먹으면서 백 일 동안 동굴 속에서 햇빛을 보지 말고 기다려야 한다. 그래야만 너희들 소원대로 사람이 될 수가 있다. 그렇게 할 수 있겠느냐?"

"예, 말씀대로 하겠습니다."

곰과 호랑이는 자신 있게 대답했습니다.

동굴로 돌아온 곰과 호랑이는 마늘과 쑥만 먹으며 동굴 속에서 지냈습니다.

며칠이 지나자 호랑이는 싫증이 났습니다.

"어유, 답답해. 캄캄한 동굴 속에서 이게 무슨 고생이람? 게다가 마늘과 쑥만 먹고 지내라니……."

호랑이는 답답한 동굴 생활이 참을 수가 없어 투덜대기 시작했습니다.

곰이 호랑이를 달랬습니다.

"조금만 더 참자. 백 일 동안 햇빛을 보지 않고 견뎌야 사람이 된다고 했잖아."

호랑이는 곰의 말에 다시 힘을 얻었습니다. 그러나 성미 급한 호랑이는 하루를 못 넘기고 또다시 불평을 했습니다.

"나는 도저히 참을 수가 없어! 사람이 되지 않아도 좋아. 당장 이 동굴에서 나가 밝은 햇빛을 보며 산을 타고 마음껏 뛰어놀 테야."

"안 돼. 사람이 되려면 이런 어려움은 견뎌 내야만 해. 조금만 더 참고 기다리자."

곰이 호랑이를 달랬지만, 호랑이는 더 이상 참지 못하고 동굴을 뛰쳐나오고 말았습니다.

하지만 곰은 호랑이가 떠난 뒤에도 동굴 밖으로 나오지 않았습니다.

곰이 동굴에서 견딘 지 삼칠일이 되는 날, 환웅 천왕은 곰을 사람으로 만들어 주었습니다. 곰은 여자로 변했습니다. 여자가 된 곰을 사람들은 '웅녀'라고 불렀습니다.

얼마 지나지 않아 웅녀에게는 새로운 바람이 생겼습니다. 혼자서 쓸쓸히 지내다 보니 귀여운 아이를 낳아 기르고 싶었습니다.

'호랑이가 동굴에서 조금만 더 참고 견뎌 냈더라면 남자가 되었을 텐데…….'

웅녀는 마음속으로 호랑이를 원망했습니다. 자기와 혼인해 주는 남자가 없었기 때문입니다.

웅녀는 고민 끝에 신단수 아래 제단에서 소원을 빌어 보기로 했습니다.

'정성을 다해 하늘에 소원을 빌면 들어주실 거야.'

웅녀는 날마다 신단수 아래 가서 정성껏 소원을 빌었습니다. 날씨가 좋든 궂든 하루도 빠짐없이 기도를 올렸습니다.

"제발 귀여운 아이를 낳게 해 주세요."

마침내 환웅 천왕은 웅녀의 정성에 감동했습니다.

✶ 단군왕검이 태어나다

환웅 천왕은 웅녀의 소원을 들어주기로 결심했습니다.

'내가 잠시 사람으로 변해, 저 여인의 남편이 되어 주자.'

환웅 천왕은 사람으로 변해 웅녀와 결혼했습니다.

드디어 웅녀는 오랜 소원인 아이를 갖게 되었습니다.

"이제야 소원이 이루어졌어."

웅녀는 몹시 기뻐했습니다.

얼마 뒤, 웅녀는 아주 건강하고 잘생긴 사내아이를 낳았습니다.

아이는 자라면서 점점 더 환웅 천왕을 닮아 갔습니다. 그리고 아주 슬기롭고 용감했습니다.

아이가 자라 환웅 천왕의 뒤를 이어받았습니다. 바로 단군왕검입니다.

단군왕검은 평양성에 도읍을 정하고 나라 이름을 '조선'이라고 했습니다. 그 뒤 단군왕검은 도읍을 아사달로 옮기고 1500년 동안 나라를 다스렸습니다.

단군왕검이 세운 조선이 우리나라에서 가장 먼저 세워진 나라인 고조선입니다.

동부여의 왕
금와

해부루는 아이의 이름을 '금빛 나는 개구리'라는 뜻으로 '금와'라 짓고, 태자로 삼았습니다. 뒷날 해부루가 세상을 떠나자, 금와가 그 뒤를 이어 동부여의 왕이 되었습니다.

❊ 천제의 아들 해부루

　기원전 58년 4월 8일, 하늘나라에서 천제(하느님을 뜻함)가 다섯 마리의 용이 끄는 수레를 타고 흘승골성(지금의 만주 훈장 강 유역의 환런 지방으로 여겨짐)에 내려왔습니다.

　천제는 흘승골성에 도읍을 정하고 나라 이름을 '북부여'라고 했습니다. 그러고는 스스로 북부여의 왕이 되어 성은 '해', 이름은 '모수'라고 지었습니다.

　세월이 흘러 해모수는 아들을 낳았습니다. 아들의 이름은

부루였습니다. 해부루는 뒷날 아버지의 뒤를 이어 북부여의 왕이 되었습니다.

해부루가 북부여의 왕이 된 지 얼마 안 되었을 때였습니다.

어느 날 밤, 재상 아란불의 꿈에 천제가 나타나 말했습니다.

"장차 내 자손에게 이곳에 나라를 세우도록 할 작정이니, 너희들은 다른 곳으로 옮겨 가도록 하여라. 동쪽 바닷가에 가섭원이라는 기름진 땅이 있으니, 그곳에 가서 다시 도읍을 정하여라."

꿈에서 깬 아란불은 해부루에게 천제의 뜻을 알렸습니다.

"임금님, 나라를 옮겨야 하겠습니다."

"나라를 옮기다니, 도대체 그게 무슨 말이오?"

해부루는 깜짝 놀라 아란불을 바라보았습니다.

"어젯밤 꿈에 천제께서 나타나셔서 도읍을 옮기라고 하셨습니다."

"천제께서?"

아란불은 꿈 이야기를 자세히 전했습니다.

해부루는 아란불의 말대로 가섭원으로 도읍을 옮겼습니다. 그리고 나라 이름을 '동부여'라고 했습니다.

❋ 개구리 모습의 아이

동부여의 왕 해부루는 늙도록 아들이 없었습니다.

"대를 이을 아들이 없으니 장차 이 나라를 누가 다스린단 말인가?"

해부루는 날마다 산과 들로 나가 신령에게 제사를 지냈습니다.

"저의 뒤를 이어 동부여를 다스릴 아들을 하나 낳게 해 주십시오."

그러던 어느 날이었습니다. 그날도 해부루는 산천에 나가 제사를 지내고 돌아오는 길이었습니다.

해부루와 신하들이 '곤연'이라는 연못에 이르렀을 때였습니다. 해부루가 타고 가던 말이 길가에 있는 큰 돌 앞에서 걸음을 멈추고 눈물을 흘렸습니다.

"어째서 이 말이 돌을 보고 눈물을 흘리는가? 참으로 이상한 일이로구나!"

"정말 이런 일은 처음 봅니다."

해부루와 신하들은 어리둥절해했습니다.

말이 바위 앞에 선 채 눈물을 계속 흘리자, 해부루가 말했습니다.

"아무래도 이상하니, 말 앞에 있는 저 돌을 치워 보아라."

신하들이 힘을 모아 돌을 옆으로 치웠습니다.

"아니! 이게 어찌 된 일이냐?"

해부루와 신하들은 모두 깜짝 놀랐습니다.

돌 밑에는 한 아이가 웅크리고 앉아 있었습니다. 더구나 그 아이는 보통 사람의 모습이 아니었습니다. 개구리 모습에 몸은 누런빛을 띠고 있었습니다.

아이를 간절히 원하던 해부루는 기뻐서 어쩔 줄 몰랐습니다.

'이 아이는 하늘이 내게 주시는 자식임에 틀림없다.'

해부루는 하늘을 향해 큰절을 올리고 신하들에게 명령을 내렸습니다.

"무엇을 하고 있는 게냐? 어서 저 아이를 데리고 궁궐로 돌아가자!"

해부루는 그 아이를 데리고 돌아와 정성을 다하여 돌보았습니다.

해부루는 아이의 이름을 '금빛 나는 개구리'라는 뜻으로 '금와'라 짓고, 태자로 삼았습니다.

뒷날 해부루가 세상을 떠나자, 금와가 그 뒤를 이어 동부여의 왕이 되었습니다.

고구려 시조

고주몽

무사히 강을 건넌 주몽 일행은 새로운 땅을 찾아 남쪽으로 내려오다 졸본에 이르렀습니다. 주몽은 그곳에 도읍을 정하고 나라 이름을 '고구려'라 지었습니다. 자신의 성도 고씨로 정했습니다.

❈ 유화를 만난 금와왕

금와왕이 동부여를 다스릴 때였습니다.

어느 날 금와왕은 성 밖으로 소풍을 나갔다가 우발수에서 한 여자를 만났습니다.

금와왕은 강가를 홀로 서성이는 여자에게 물었습니다.

"너는 도대체 누구인데, 여기 홀로 있는 게냐?"

고개를 숙이고 있던 그 여자는 가냘픈 목소리로 대답했습니다.

"저는 하백의 딸 유화입니다. 집에서 쫓겨나 이곳에 머물고 있는 중입니다."

"집에서 쫓겨나다니, 무슨 사연이라도 있느냐?"

유화는 잠시 머뭇거리더니 이야기를 시작했습니다.

"몇 년 전 일입니다. 어느 날 저는 동생들과 함께 밖에 나와 놀고 있었습니다. 그런데 스스로 하느님의 아들이라고 일컫는 사람이 저를 웅신산(또는 웅심산) 밑 압록강 근처에 있는 자기 집으로 데려갔습니다. 저는 그날로 그 사람의 아내가 되었습니다. 얼마 뒤, 남편은 저를 버려둔 채 집을 나가더니 영영 돌아오지 않았습니다. 저는 어쩔 도리가 없어 다시 부모님이 계시는 집으로 돌아갔습니다. 부모님께선 중매도 없이 낯선 사내에게 시집을 갔다고 저를 몹시 꾸짖으시고는 이곳으로 귀양을 보내셨습니다."

유화는 말을 하면서 하염없이 눈물을 흘렸습니다.

금와왕은 유화를 궁궐로 데려와 방 한 칸을 주어 그곳에서 지내게 했습니다.

❋ 알에서 태어난 주몽

유화가 궁궐에 온 지 얼마 지나지 않아 이상한 일이 일어났습니다.

하루는 유화가 있는 방에 유난히 밝은 햇빛이 비쳤습니다. 유화는 햇빛을 피해 자리를 옮겼습니다. 그러자 햇빛이 유화를 따라다니며 비추었습니다. 유화가 아무리 자리를 바꾸어도 마찬가지였습니다.

그런 일이 있은 지 얼마 뒤, 유화는 커다란 알을 하나 낳았습니다. 크기가 닷 되쯤 되는 큰 알이었습니다. 그 소문은 금세 궁궐 안에 퍼졌습니다.

금와왕은 직접 유화가 있는 방으로 가서 그 이상한 알을 보았습니다.

"괴상한 일이로구나. 저 알을 개나 돼지가 먹어 치우도록 내다 버려라."

금와왕이 신하들에게 명령했습니다. 신하들은 금와왕의 명령에 따라 그 알을 개와 돼지에게 던져 주었습니다. 하지만 개

와 돼지들은 그 알을 먹지 않았습니다.

"개와 돼지들이 그 알을 쳐다보지도 않습니다."

신하들이 금와왕에게 전했습니다.

"그러면 길에 내다 버리도록 해라. 소나 말이 밟아 깨뜨릴 것이다."

신하들은 다시 그 알을 소와 말이 많이 다니는 혼잡한 길바닥에 내다 버렸습니다. 그러나 소와 말도 그 알을 밟지 않고 피해서 갔습니다.

신하들은 이번에도 본 그대로 금와왕에게 전했습니다.

"참으로 이상한 일이구나. 이번에는 들에다 버려야겠다. 들에 알이 있으면 새들이 쪼아 먹거나 짐승들이 사나운 발톱으로 깨뜨리지 않겠느냐? 어서 들에 갖다 버리도록 하라!"

얼마 뒤, 신하들이 다시 와서 말했습니다.

"알을 들에 갖다 버렸더니, 이번에는 새들이 날아와 날개로 감싸 주기도 하고 짐승들이 달려와 품어 주기도 합니다. 정말 이상한 일입니다."

"그렇다면 그 알을 다시 가지고 와서 힘센 사람에게 쪼개어 보라고 해야겠다. 도대체 그 안에 무엇이 들어 있는지 궁금하구나!"

금와왕은 나라에서 가장 힘센 사람을 불러오라고 명령했습니다. 그러나 아무리 힘센 사람도 그 알을 쪼갤 수 없었습니다. 잘 드는 칼로 내리쳐도 소용이 없었습니다.

그동안 마음을 졸이고 있던 유화가 울면서 말했습니다.

"어째서 알을 깨뜨릴 생각만 하십니까? 어떤 알이든 따뜻하게 감싸 주면 자연히 그 속에 있는 것이 껍질을 깨고 나오기 마련입니다."

금와왕은 어쩔 수 없이 그 알을 유화에게 돌려주었습니다.

유화는 그 알을 부드러운 천으로 싸서 따뜻한 곳에 잘 놓아 두었습니다.

얼마 뒤, 껍질이 갈라졌습니다.

"어머나, 알 속에서 아이가 나왔네."

유화는 기뻐하며 아이를 품에 안았습니다. 아이는 몸집이

크고 매우 영리하게 생겼습니다.

유화는 아이를 정성껏 키웠습니다.

아이가 자라 어느덧 7세가 되었습니다. 아이는 모든 점에서 다른 아이들과 달랐습니다. 나이에 맞지 않게 키가 어른처럼 컸고, 행동이 재빨랐습니다. 뿐만 아니라 손재주도 뛰어나 자기가 직접 활을 만들어 쏘기도 했습니다.

사람들은 그 아이를 '주몽'이라고 불렀습니다. 주몽이란 '활을 잘 쏘는 사람'이라는 뜻입니다. 주몽은 백 번을 쏘아 백 번 모두 맞힐 정도로 활 솜씨가 뛰어났습니다.

금와왕에게는 아들이 일곱 명이나 있었는데, 그 누구도 주몽의 재주에 미치지 못했습니다.

금와왕의 맏아들인 대소는 주몽의 뛰어난 재주에 불안함을 느꼈습니다.

'주몽은 보통 사람이 아니야. 이대로 두면 안 되겠어.'

대소는 아버지를 찾아가 말했습니다.

"주몽은 사람의 자식이 아닙니다. 이상한 알 속에서 태어난 데다 여러 가지로 보통 사람과는 아주 다릅니다. 또 재주도 매우 뛰어납니다. 그런 아이를 그냥 두었다가는 무슨 일을 저지를지 모릅니다. 그러니 일찌감치 없애 버려 뒤탈이 없게 하는 것이 옳을 듯합니다."

하지만 금와왕은 대소의 말을 듣지 않았습니다.

그 무렵, 주몽은 말을 돌보는 일을 맡고 있었습니다. 주몽은 금와왕의 여러 왕자들이 자기를 시샘하여 죽이려는 음모를 꾸미고 있음을 눈치챘습니다.

주몽은 언젠가는 동부여를 떠나 멀리 도망칠 생각을 하고, 좋은 말들을 골라 일부러 먹이를 적게 주어 여위게 만들었습니다. 반대로 잘 달리지 못하는 둔한 말들은 먹이를 듬뿍 주어

살이 피둥피둥 찌도록 했습니다.

금와왕과 왕자들은 보기 좋게 살찐 말들을 골라 자기들이 타고, 주몽에게는 비쩍 마른 말을 주었습니다.

주몽은 자신의 뜻대로 좋은 말을 얻었습니다.

'두고 보아라. 과연 어떤 말이 좋은지 알게 될 것이다.'

그때부터 주몽은 비쩍 마른 자기의 말을 정성스럽게 먹였습니다.

동부여를 떠나는 주몽

주몽이 동부여를 떠날 기회를 엿보고 있을 때였습니다.

어느 날 어머니 유화 부인이 주몽을 부르더니 근심스런 목소리로 말했습니다.

"이 나라 사람들이 너를 시샘하여 죽이려 한단다. 그러니 하루바삐 이 나라를 빠져 나가야 한다. 너는 재주가 뛰어나고 영리해 어디를 가더라도 큰일을 할 수 있을 게다. 어서 떠나라."

"어머니, 이 나라 왕자들과 신하들이 저를 없앨 계획을 세우고 있다는 것은 저도 벌써 알고 있었습니다. 하지만 어머니를 두고서……."

주몽은 말끝을 맺지 못했습니다. 어머니를 두고 떠나자니 발걸음이 떨어지지 않았습니다.

"그런 하찮은 슬픔 때문에 망설이고 있을 때가 아니다. 어서 떠나도록 해라."

주몽은 어머니에게 작별 인사를 하고 친구인 오이·마리·협보와 함께 길을 떠났습니다.

한동안 말을 달리던 주몽 일행은 갑자기 멈추어 섰습니다. 깊고 넓은 강이 앞을 가로막았기 때문입니다.

"주몽, 큰일났네! 벌써 놈들이 눈치채고 우리를 뒤쫓고 있네!"

주몽이 뒤를 돌아보니 그리 멀지 않은 곳에 동부여의 왕자들이 군사를 이끌고 뒤쫓아 오고 있었습니다.

"아, 이 깊고 넓은 강을 어떻게 건넌단 말인가!"

주몽은 하늘을 우러러보았습니다.

"주몽, 빨리 강을 건널 방법을 생각해 보게. 저들이 우리를 바짝 따라오고 있네."

"이대로 있다가는 붙잡히고 말겠네."

"어서 강을 건너야 해."

친구들이 재촉했습니다.

그러자 주몽은 강을 향해 큰 소리로 외쳤습니다.

"나는 하느님의 아들이자 물의 신인 하백의 외손자이다. 내 목을 노리는 자들이 뒤쫓고 있으니, 어서 도와주시오."

주몽의 말이 끝나자마자 놀라운 일이 벌어졌습니다. 물고기 떼와 자라 떼가 한꺼번에 강물 위로 떠올라 등으로 긴 다리를 만들어 주었습니다.

"다, 다리가 생겼어. 이젠 살았어."

주몽의 친구들은 너무 놀라 입을 다물지 못했습니다. 주몽이 앞장서서 다리를 건넜습니다.

주몽 일행이 강을 다 건너가자 다리를 놓았던 자라와 물고기들은 물속으로 흩어져 버렸습니다. 주몽을 뒤쫓아오던 동부여 왕자들과 신하들은 강 저쪽에서 발을 동동 구르며 분통을 터뜨렸습니다.

무사히 강을 건넌 주몽 일행은 새로운 땅을 찾아 남쪽으로 내려오다 졸본에 이르렀습니다.

"아주 좋은 곳이로군. 땅이 기름진 데다 산이 높고 맑은 물이 흐르는 강도 있어. 이곳에 도읍을 정하자."

주몽은 비류수 근처에 오두막집을 짓고, 궁궐을 마련할 때까지 지냈습니다.

주몽은 나라 이름을 '고구려'라 지었습니다. 자신의 성도 고씨로 정했습니다.

고구려는 뒷날 중국의 수나라나 당나라와 겨루면서, 만주의 동남부 지방까지 차지하는 큰 나라가 되었습니다.

신라 시조
박혁거세

촌장들은 아이의 이름을 해와 달이 밝게 빛났다는 뜻으로 '혁거세'라고 지었습니다. 성은 커다랗고 둥근 박과 같은 알에서 태어났다고 하여 박씨로 정했습니다.

※ 여섯 고을 촌장

옛날, 진한 땅에 여섯 고을이 있었습니다.

여섯 고을은 알천 양산촌, 돌산 고허촌, 무산 대수촌, 취산 진지촌, 금산 가리촌, 명활산 고야촌으로, 각각 고을을 대표하는 촌장이 있었습니다.

알천 양산촌의 촌장은 알평이고, 돌산 고허촌의 촌장은 소벌도리, 무산 대수촌의 촌장은 구례마, 취산 진지촌의 촌장은 지백호, 금산 가리촌의 촌장은 지타, 명활산 고야촌의 촌장은 호진이었습니다. 알평은 이씨, 소벌도리는 정씨, 구례마는 손씨, 지백호는 최씨, 지타는 배씨, 호진은 설씨의 조상입니다.

이들 여섯 고을의 촌장은 서로 사이가 좋았으며 무슨 일이든지 함께 의논하여 처리했습니다.

추운 겨울이 지나고 봄이 되자 여섯 명의 촌장은 각자 아들을 데리고 알천에 있는 언덕에 모였습니다. 그날이 기원전 69년 3월 1일이었습니다.

"요즘 고을 백성들이 모두 제멋대로 행동하니 참으로 걱정스럽습니다."

"그렇습니다. 이러다가는 고을 사람들 모두가 버릇이 없어져 다스리기가 점점 어려울 것 같습니다."

"사람들을 올바로 이끌 좋은 방법이 없겠습니까?"

여섯 촌장은 모두 생각에 잠겼습니다.

잠시 뒤, 한 촌장이 말했습니다.

"사람들이 제멋대로 행동하는 것은 우리를 이끌어 줄 훌륭한 임금이 계시지 않기 때문입니다. 그러니 우리가 덕이 있는

분을 찾아 임금으로 모시고, 임금께서 백성들을 다스리게 하는 것이 좋겠습니다."

다른 촌장들도 모두 찬성했습니다.

"좋은 생각이오."

"하지만 임금을 갑자기 어디서 찾는단 말이오?"

"그럼, 우선 도읍을 정하고 나라를 세운 뒤에 임금을 찾도록 합시다."

"그것이 좋겠소!"

촌장들은 뜻을 하나로 모았습니다. 촌장들은 우선 높은 산 위에 올라 도읍을 정할 만한 곳을 찾기로 했습니다.

❋ 알에서 태어난 박혁거세

"아니, 저게 뭡니까?"

산 위에 오르다 한 촌장이 큰 소리로 외쳤습니다. 모두들 그 촌장이 가리키는 남쪽

양산 밑 우물가를 바라보았습니다.

우물가에는 이상한 기운이 일고 있었습니다. 땅 위에 눈부신 빛이 드리워져 있고, 그 앞에 흰 말 한 마리가 절을 하듯 꿇어앉아 있었습니다.

"참으로 이상한 일이군요."

"어서 저곳으로 내려가 자세히 살펴보도록 합시다."

"자, 어서 갑시다."

촌장들은 모두 우물가로 달려갔습니다.

사람들이 다가서자 말은 큰 소리로 힝힝거리며 하늘로 올라갔습니다.

"도대체 이게 뭐요? 커다란 알이 아니오?"

말이 꿇어앉아 있던 자리 바로 앞에 커다란 자줏빛 알 한 개가 놓여 있었습니다.

"그러게 말이오. 아까 그 흰 말이 꿇어앉아 이 알에게 절하는 것처럼 보였소."

"이 알은 하늘이 내려 주신 큰 선물임에 틀림없습니다."

"맞아요!"

촌장들은 모두 크게 기뻐했습니다.

"알 속에 무엇이 들어 있나 궁금하니 알을 깨 봅시다."

"그럽시다. 빨리 깨 보도록 하지요."

"자, 그러면 여러분의 뜻이 모두 그러하니 내가 알을 깨 보겠소."

촌장들이 둘러서서 지켜보는 가운데 돌산 고허촌의 소벌도리 촌장이 조심스럽게 알을 깼습니다.

"이런!"

"아니, 왜 그러시오."

다른 촌장들이 가까이 다가와 알 속을 들여다보았습니다.

"알 속에 사내아이가 들어 있소."

"아주 튼튼하게 생긴 아이오."

모두들 놀라며 한마디씩 했습니다.

"참으로 신기한 일이오."

"하늘이 우리에게 주신 것 같소."

"어서 아기를 깨끗한 물로 씻기도록 하지요."

촌장들은 아이를 안고 동쪽 시냇가로 갔습니다.

소벌도리 촌장이 아이를 꼭 끌어안고 조심조심 물을 끼얹자 아이의 몸에서 빛이 났습니다. 그 빛을 보고 새와 짐승들이 모여들어 흥겹게 노래를 하고 춤을 추었습니다. 땅이 울리고 나무와 풀과 바위들도 춤을 추었습니다.

그날부터 해와 달이 이전보다 한층 더 밝게 빛났습니다.

"해와 달이 여느 때보다 더 밝게 빛을 내며 이 아기를 비추는 것을 보니, 이 아기는 틀림없이 하늘이 우리에게 내려 주신 임금이라 생각되오."

"맞는 말씀이오. 앞으로 우리의 임금으로 모십시다."

"좋소! 그렇게 합시다."

촌장들은 아이의 이름을 해와 달이 밝게 빛났다는 뜻으로 '혁거세'라고 지었습니다. 성은 커다랗고 둥근 박과 같은 알에서 태어났다고 하여 박씨로 정했습니다.

부리 달린 알영

박혁거세가 알에서 태어난 뒤, 이상한 일이 또 일어났습니다. 사량리에 있는 '알영'이라는 우물가에 닭처럼 생긴 계룡이 나타나 왼쪽 옆구리에서 여자아이를 낳았습니다.

그 아이는 뛰어나게 예뻤습니다. 다만 입술이 닭의 부리와

같아서 이상했습니다.

 마을 사람들은 아이를 냇가에 데려가 깨끗하게 씻겼습니다. 그러자 아이의 입술에 달려 있던 부리가 떨어졌습니다. 아이는 이제 완전한 사람의 모습이 되었습니다.

 "부리가 떨어지니 더 귀엽고 예쁘네."

 "게다가 아주 똑똑하게 생겼어요."

 마을 사람들은 매우 기뻐했습니다.

 이 소식을 들은 촌장들은 장차 박혁거세의 신붓감이 될 예쁘고 총명한 여자아이가 나타났다고 매우 기뻐했습니다.

 "그 여자아이야말로 하늘이 정해 주신 혁거세의 배필이오."

 "어서 모셔 오기로 합시다."

 "좋소. 어서 가서 모셔 옵시다."

 촌장들은 사량리로 가서 그 여자아이를 데려왔습니다. 그리고 남산 서쪽 기슭에 훌륭한 궁궐을 짓고 두 아이를 그곳에서 정성스레 키웠습니다.

 촌장들은 여자아이에게 '알영'이라는 이름을 지어 주었습니다. '알영'이라는 우물의 이름을 딴 것입니다.

기원전 57년, 박혁거세와 알영의 나이가 13세가 되었을 때였습니다. 여섯 촌장은 박혁거세를 왕의 자리에 앉히고, 알영을 왕비로 맞았습니다.

나라 이름은 서라벌로 정했습니다. 서라벌은 뒤에 나라 이름을 신라로 바꾸었습니다.

박혁거세는 61년 동안 나라를 다스리다가 세상을 떠났습니다.

가야 시조
수로왕

그 달 보름에, 가장 먼저 알에서 나와 '수로'라고 불리는 아이가 왕의 자리에 올랐습니다. 나라 이름은 '가야국'이라고 정했습니다. 그 뒤 나머지 다섯 아이도 각각 5가야의 왕이 되었습니다.

❈ 9간들이 다스리는 나라

옛날 남쪽 바닷가에 아직 이름도 없는 나라가 있었습니다.

그곳에는 임금이니 신하니 하는 계급도 없었습니다. 다만, 아홉 명의 우두머리가 7만 5000여 명의 백성들을 다스리고 있었습니다.

아홉 명의 우두머리는 아도간, 여도간, 피도간, 오도간, 유수간, 유천간, 신천간, 오천간, 신귀간으로, 통틀어 '9간'이라 불렀습니다.

그곳의 백성들은 스스로 우물을 파서 물을 마시고 밭을 갈아 농사를 지어 먹고살았습니다.

42년 3월, 계욕일이었습니다. 계욕일은 불행한 일이 닥쳐오는 것을 미리 막기 위해 물가에 나가 깨끗이 목욕한 뒤에 술을 나누어 마시는 날입니다.

그날, 마을의 북쪽에 있는 산인 구지봉에서 이상한 소리가 들려왔습니다.

"이게 무슨 소리지?"

"글쎄, 저 산꼭대기에서 들려오는 것 같은데……."

9간들과 마을 사람들은 그 이상한 소리를 따라 구지봉으로 몰려갔습니다. 이상한 소리는 계속해서 들려왔습니다. 마치 사람이 말하는 소리 같았습니다. 그러나 누구인지 보이지는 않았습니다.

산꼭대기에 올라가자 그 소리는 점점 더 또렷해졌습니다.

"여기 누가 와 있느냐?"

보이지 않는 곳에서 묻는 소리가 들려왔습니다.

"저희들이 이곳에 와 있습니다."

9간들이 입을 모아 대답했습니다.

"지금 내가 있는 곳이 어디냐?"

"이곳은 구지봉이라는 산봉우리입니다."

9간들이 다시 대답하자, 계속해서 말소리가 들려왔습니다.

"하늘에서 내게 이곳에 내려가서 나라를 세우라고 명령하셨다. 너희들은 지금 곧 이곳의 흙을 한 줌씩 쥐고 '거북아, 거북아, 머리를 내놓아라. 내놓지 않으면 구워 먹겠다.'라고 노래하면서 춤을 추어라! 그러면 곧 하늘에서 내려주시는 임금님을 맞이하게 될 것이다."

"하늘에서 임금님을 내려주신다고요?"

사람들은 어리둥절한 얼굴로 서로를 바라보았습니다.

"그게 정말이라면 그보다 좋은 일이 어디 있겠소?"

"맞소. 어서 시키는 대로 해 봅시다."

그 말에 따라 9간들은 마을 사람들과 함께 노래를 부르고 춤을 추었습니다.

❈ 하늘에서 내려온 황금 상자

얼마 뒤에 이상한 일이 또 일어났습니다. 사람들이 노래를 부르며 춤을 추고 있는데, 하늘에서 붉은 보자기에 싸인 물건이 내려왔습니다.

9간들이 붉은 보자기를 풀자 황금 상자가 나왔습니다.

"어서 황금 상자를 열어 봅시다."

"무엇이 들어 있는지 정말 궁금하지 않소?"

9간들은 황금 상자를 열어 보았습니다. 상자 안에는 해처럼 둥근 황금알 여섯 개가 들어 있었습니다.

사람들은 하늘에 감사하며 수없이 절을 했습니다. 그러고는 황금 상자를 9간 중의 한 사람인 아도간의 집으로 가져가 높은 곳에 잘 놓아두었습니다.

이튿날 황금 상자를 열어 본 9간들은 깜짝 놀랐습니다. 황금 알 여섯 개가 모두 어린아이로 변해 있었기 때문입니다.

아이들은 모두 잘생겼는데, 머리가 보통 사람보다 더 컸습니다.

사람들은 하늘에서 왕을 보내 주신 것이라고 기뻐하며 여섯 아이 앞에 무릎을 꿇고 절을 했습니다.

아이들은 하루가 다르게 쑥쑥 자라 열흘 남짓 지나자 키가 9척(1척은 30.3센티미터)이나 되었습니다. 얼굴은 용을 닮았고, 팔자 모양의 까만 눈썹에 눈동자가 맑았습니다.

그달 보름에, 가장 먼저 알에서 나와 '수로'라고 불리는 아이가 왕의 자리에 올랐습니다.

나라 이름은 '가야국(또는 가락국)'이라고 정했습니다. 그 뒤 나머지 다섯 아이도 각각 5가야의 왕이 되었습니다.

수로왕이 왕의 자리에 오른 지 2년이 되는 해 봄이었습니다.

어느 날 수로왕이 신하들에게 말했습니다.

"이제 내가 이 나라의 도읍을 정하려 한다."

수로왕은 신하들을 데리고 임시 궁궐이 있는 곳에서 남쪽을 향해 갔습니다. 수로왕은 '신답평(지금의 경상남도 김해 평야 지역)'이라는 곳에서 멈추어 섰습니다.

"이곳은 비좁기가 마치 버들잎 같지만, 자연이 아름답고 신비로운 기운이 서린 곳이다. 그러니 이곳에 도읍을 정하면 나라가 번영할 것이다."

수로왕은 신하들에게 명령하여 그곳에 성을 쌓고, 성 안에 궁궐과 여러 관청, 무기 창고, 곡식 창고 등을 지었습니다.

※ 수로왕을 찾아온 탈해

수로왕이 도읍을 정하고 나라를 다스리던 어느 날이었습니다. 키가 3척밖에 되지 않는 조그만 사람이 수로왕을 찾아왔습니다.

"나는 '탈해'라고 하오. 알을 깨뜨리고 나왔다고 해서 붙여진 이름이지. 난 이 나라의 임금 자리를 차지하기 위해서 왔소.

그러니 내게 왕위를 내놓으시오!"

탈해가 거만스럽게 말하자 수로왕은 껄껄 웃으며 대답했습니다.

"나는 하늘의 뜻에 따라 임금이 된 사람으로, 앞으로 이 나라를 더욱 발전시켜야 한다. 지금 온 백성들은 편안하게 살고 있다. 그러니 하늘의 뜻을 거스르고 너에게 임금의 자리를 내줄 수는 없다. 그게 아니라도 너같이 예의도 모르는 자에게 이 나라의 백성을 맡길 수가 없다. 그러니 어서 썩 물러가라!"

"그렇다면 누가 더 술법이 뛰어난지 겨루어 승부를 결정합시다!"

탈해가 지지 않고 큰 소리로 말했습니다.

"좋다. 어디 한번 겨뤄 보자!"

탈해는 수로왕의 대답이 채 끝나기도 전에 술법을 써서 매로 변했습니다. 그러자 수로왕도 즉시 술법을 써서 독수리로 변했습니다.

"이런! 큰일났다!"

탈해는 재빨리 참새가 되었습니다. 그러자 수로왕도 눈 깜짝할 사이에 새매가 되었습니다.

얼마 뒤, 탈해가 다시 사람 모습으로 돌아오자 수로왕도 본래의 모습으로 변했습니다.

"제가 졌습니다."

탈해는 수로왕 앞에 엎드려 말했습니다.

"제가 매가 되었을 때 임금님께서는 독수리가 되어 저를 잡아먹을 수 있었습니다. 또 제가 참새가 되었을 때 새매로 변한 임금님께서는 저를 죽일 수가 있었습니다. 그런데도 저를 이렇게 살려 주신 것은 아마도 임금님께서 산 목숨을 함부로 죽이기 싫어하는 어진 마음을 지니셨기 때문일 것입니다. 제가 더 이상 왕위를 놓고 다툰다 해도 임금님께 이길 수는 없습니다."

탈해가 항복하자 수로왕은 탈해를 배에 태워 멀리 쫓아 버렸습니다.

❋ 배를 타고 온 허황옥

 수로왕이 왕의 자리에 오른 뒤 몇 년이 흘렀지만, 아직 나라에는 왕비가 없었습니다.

 어느 날 9간들이 왕을 찾아가서 말했습니다.

 "임금님께서는 하늘에서 내려오신 뒤로 여태껏 왕비를 얻지 못하셨습니다. 저희들의 딸들 중에서 으뜸가는 처녀를 가려 뽑아 궁중에 들여보낼 테니 왕비로 삼으시는 것이 어떻겠습니까?"

 9간들의 말에 수로왕이 대답했습니다.

 "나는 하늘의 뜻에 따라 이곳에 내려온 것이다. 그러니 하늘이 또한 내게 배필을 마련하여 보낼 것이다. 내 일은 모두 하늘이 알아서 정해 주시는 것이니, 그대들은 염려하지 마라!"

 며칠 뒤, 수로왕은 유천간에게 가벼운 배와 빠른 말을 주며 명령했습니다.

 "그대는 망산도에 가서 기다리다가 하늘이 내게 보내 주시는 왕비를 모셔 오시오."

그러고 나서 신귀간에게도 같은 명령을 내려 '승점'이라는 곳으로 보냈습니다. 망산도는 도읍의 남쪽에 있는 섬이고, 승점은 도읍 바로 밑에 있는 나라였습니다.

유천간이 망산도에 도착하여 기다리고 있자, 서남쪽에서 배 한 척이 나타나 북쪽을 향해 다가왔습니다. 붉은 돛을 달고 붉은 깃발을 휘날리는 배였습니다.

유천간이 횃불로 신호를 보내자 승점에 있던 신귀간이 대궐로 달려가 수로왕에게 알렸습니다.

"과연 하늘이 내게 배필을 보내 주시는구나!"

수로왕은 몹시 기뻐하며 말했습니다.

"그대들은 어서 가서 왕비를 모셔 오시오."

궁중에 있던 신하들은 급히 바닷가로 나갔습니다. 유천간을 비롯한 9간들은 배에서 내린 여인을 궁궐로 모시려 했습니다. 그러자 여인이 말했습니다.

"나는 그대들과 전혀 알지 못하는 사이인데, 어찌 가자는 대로 무작정 따라갈 수 있겠소?"

왕비를 모시러 갔던 신하들은 뜻을 이루지 못하고 돌아와서 수로왕에게 사실대로 말했습니다.

그 이야기를 들은 수로왕은 고개를 끄덕이며 신하들을 거느리고 왕비를 맞이하러 나갔습니다.

"잘 오셨소! 나는 가락국의 수로왕이오."

여인은 그제야 마음이 놓이는지 얼굴에 웃음을 머금고 수로왕에게 공손히 인사했습니다.

"저는 아유타국의 공주로 성은 허씨이고, 이름은 황옥입니다. 나이는 열여섯 살입니다. 올해 5월, 제 아버님과 어머님께서 똑같은 꿈을 꾸셨습니다. 두 분 모두 꿈에 하느님을 뵈었는데, 하느님께서 저를 가락국의 수로왕께 보내어 배필로 삼게

가야 시조 수로왕

하라고 하셨답니다. 그래서 저는 배를 타고 이곳으로 오게 되었습니다."

"험한 뱃길에 얼마나 고생이 많았소? 실은 나도 하느님의 뜻으로 오늘 아유타국의 공주인 그대를 왕비로 맞게 될 것을 미리 알고 있었소! 그래서 그대를 맞이하러 신하들을 보냈던 것이오."

수로왕은 허황옥과 함께 온 아유타국의 뱃사공들에게 쌀과 베 등 많은 선물을 주어 돌려보냈습니다. 신보와 조광 등 허황옥을 따라온 20여 명의 종들은 궁궐로 데리고 왔습니다.

허황옥은 혼수로 비단을 비롯한 값진 옷감, 금과 은, 옥으로 만든 많은 패물들을 가져왔습니다.

수로왕은 그날로 혼인식을 올려 정식으로 아유타국의 공주를 왕비로 삼았습니다. 그리고 왕비가 가져 온 많은 보물과 옷감들은 궁궐의 창고에 넣어 두고, 왕비가 필요할 때 쓸 수 있게 했습니다.

수로왕과 왕비는 서로 의논하여 나라를 훌륭히 다스렸습니다. 또 모든 백성들을 사식처럼 아끼고 사랑했습니다.

189년 3월 1일에 왕비가 157세로 세상을 떠났습니다. 수로왕과 신하들은 몹시 슬퍼하며 구지봉 동북쪽 언덕에 장사를 지냈습니다.

10년 뒤인 199년 3월 23일에 수로왕도 158세의 나이로 세상을 떠났습니다.

수로왕이 세상을 떠나자 백성들은 마치 부모를 잃은 듯이 몹시 슬퍼했습니다.

상자에서 나온
탈해왕

아이의 이름은 알을 깨뜨리고 세상에 나왔다는 뜻으로 '탈해'라고 지었습니다. 57년 6월, 탈해는 유리왕의 뒤를 이어 신라 제4대 왕이 되었습니다.

❈ 상자에서 나온 아이

신라 제2대 남해왕 때였습니다.

배 한 척이 신라 동쪽 바닷가에 있는 아진포에 이르렀습니다. 하지만 아무도 그 배가 다가오는 것을 보지 못했습니다.

그때 아진의선이라는 할머니가 바닷가에서 고기를 잡고 있었습니다. 할머니는 고기잡이로 한평생을 살아온 사람이었습니다.

할머니도 처음에는 그 배를 보지 못했습니다. 그런데 바다에서 까치 우는 소리가 들려왔습니다.

"참으로 이상하네. 새가 내려앉을 만한 바위도 없는 바다에서 까치 소리가 나다니……."

할머니는 침침한 눈으로 바다 쪽을 살펴보며 중얼거렸습니다. 그때 비로소 할머니의 눈에 커다란 배 한 척이 보였습니다. 까치 떼가 그 배 위에 모여 울고 있었습니다.

할머니는 급히 고깃배를 저어 그 배가 떠 있는 곳으로 갔습니다. 배는 아주 컸습니다. 그러나 배 안에는 커다란 상자 하나만 있을 뿐, 사람은 아무도 타고 있지 않았습니다.

'이렇게 큰 배가 사공도 없이 여기까지 왔다니, 참으로 이상한 일이야.'

할머니는 그 배를 끌어다 나룻가에 대었습니다. 그리고 마을 사람들을 시켜 배에 실린 상자를 바닷가 나무 밑으로 옮겼습니다. 상자는 길이가 20자(자는 길이 단위로, 1자는 약 30.3 센티미터)쯤 되었고, 너비는 13자가 넘었습니다.

"어서 이 상자를 열어 봅시다."

마을 사람들은 상자 속에 무엇이 들었는지 궁금해했습니다. 그러나 할머니는 상자를 열지 못하게 했습니다. 그 속에 좋은 것이 들어 있는지 나쁜 것이 들어 있는지 알 수가 없었기 때문입니다.

할머니는 우선 하늘을 향해 기도했습니다.

"하느님, 제발 우리에게 화를 불러일으키지 말고 복을 내려 주옵소서."

할머니의 정성스런 기도가 끝나자, 마을 사람들은 상자를 열었습니다.

"아니, 이럴 수가!"

사람들은 모두 깜짝 놀랐습니다. 상자 속에는 아주 단정해 보이는 사내아이와 그 아이의 종들, 그리고 금과 은을 비롯한 수많은 보석들이 가득 들어 있었습니다.

할머니는 상자 속에서 나온 아이와 종들을 정성껏 대접했습니다.

아이는 상자 속에서 나온 지 7일이 지나자 비로소 자신을 소개했습니다.

"저는 본래 용성국에서 태어났습니다. 그곳에는 스물여덟 명의 용왕이 있는데, 용왕들은 모두 사람의 몸에서 태어났습니다. 그리고 여덟 층의 귀족이 있는데, 차례차례 왕의 자리에 앉게 됩니다. 제 아버지인 함달파께서도 그렇게 하여 왕이 되셨지요.

아버지는 적녀국의 공주를 왕비로 맞았으나, 아들을 두지 못했습니다. 두 분은 오랫동안 기도를 올려 7년 만에 겨우 아이를 낳게 되었는데, 사람이 아닌 큰 알이었지요.

신하들은 '사람이 알을 낳는 일은 예나 이제나 없었습니다. 뭔가 좋지 않은 일이 일어날 게 분명합니다. 알을 큰 상자에 담아 바다 멀리 띄워 보내십시오.' 하고 아버지께 계속 말했어요.

아버지는 신하들의 말대로 할 수밖에 없으셨어요. 알을 상자에 넣고 여러 가지 보물도 같이 넣은 뒤 시종들에게 알을 보살피라고 이르셨지요. 그리고 '부디 네가 인연이 있는 곳으로 흘러가서 그곳에 나라를 세우고 살도록 하라.'고 비시며 상자를 배에 실어 바다에 띄워 보내셨지요.

저는 그 배가 바다에 떠 있는 동안 알에서 태어났습니다. 제가 태어나자 어디선가 갑자기 붉은 용 한 마리가 나타나 이 배를 호위했습니다. 그리고 이곳에 이르게 된 것입니다."

말을 마치자 아이는 시종 두 명을 데리고 동악(지금의 토함산)으로 올라갔습니다. 그러고는 돌집을 짓고 그곳에 머물렀습니다.

호공의 집을 빼앗다

아이의 이름은 알을 깨뜨리고 세상에 나왔다는 뜻으로 '탈해'라고 지었습니다.

탈해는 7일 동안 산 위에 머물면서 자기가 살 만한 곳을 찾았습니다.

어느 날 마을을 내려다보던 탈해는 초승달처럼 생긴 조그만 산봉우리를 보았습니다.

'저기라면 내가 오래도록 살 만하겠구나.'

탈해는 시종들을 거느리고 산에서 내려왔습니다. 그러고는 산에서 보아 둔 바로 그곳을 찾아갔습니다.

그곳에는 이미 커다란 집이 한 채 있었습니다. 호공이라는 사람의 집이었습니다. 호공은 큰 부자로 권세가 당당한 사람이었습니다. 그러나 탈해는 조금도 망설이지 않고 그 집을 차지하기로 마음을 먹었습니다.

어느 날 아침, 탈해는 그 집에 가서 주인을 찾았습니다.

집주인인 호공이 나오자 탈해는 당당한 목소리로 말했습니다.

"지금 당신이 살고 있는 이 집은 옛날에 우리 조상이 살던 집이오. 그러니 이제 이 집을 내게 돌려주어야겠소!"

호공은 기가 막혔습니다.

"도대체 무슨 잠꼬대 같은 소리냐?"

"잠꼬대가 아니라, 내 조상이 살았던 집을 다시 찾으러 온 것이오."

"어째서 이 집이 네 조상의 집이란 말이냐?"

"우리 조상이 살았으니까 우리 조상의 집이라고 하는 것이오. 믿지 못하겠다면 그럴 만한 증거를 보여 주겠소."

"증거가 있으면 당장 대 보라."

"여기서는 곤란하오."

"그렇다면 어디에서 그 증거를 말할 수가 있다는 것이냐?"

"관가에 가야 증거를 댈 수가 있소."

"좋다. 당장 관가로 가자!"

탈해와 호공은 관가로 갔습니다.

호공은 그 고을을 다스리는 벼슬아치에게 버릇없이 구는 탈해를 벌주라고 말했습니다. 그러자 탈해는 호공이 자기 조상의 집에 허락도 없이 오랫동안 살고 있다고 하소연했습니다. 뿐만 아니라 이제 임자가 나타났으니 당연히 그 집을 내놓아야 한다고 주장했습니다.

벼슬아치가 탈해에게 물었습니다.

"어째서 그 집이 네 조상의 집이라는 것이냐?"

탈해가 대답했습니다.

"우리 조상들은 대대로 대장장이를 하며 그 집에서 살았습니다. 그런데 우리 조상께서 잠시 시골에 볼 일이 있어 집을 비운 사이에 호공의 조상이 제집이라고 들어가 살면서 그 집을 빼앗았습니다."

"그렇다면 그것을 증명할 수 있느냐?"

"예. 우리 조상들이 대장장이를 하면서 날을 갈 때 쓰던 숫돌과 숯 토막들이 마당에 묻혀 있을 것입니다. 그것이 바로 증거입니다."

"그렇다면 마당을 파 보면 알겠구나!"

"그렇습니다."

벼슬아치는 하인을 시켜 호공의 집 마당을 파 보게 했습니다. 그러자 탈해의 말대로 숫돌과 숯 토막들이 나왔습니다.

호공은 펄쩍펄쩍 뛰며 말했습니다.

"그럴 리가 없습니다. 여기는 제 집입니다."

"여기 증거물이 나오지 않았느냐? 이 집은 앞으로 이 아이의 집이다."

이 판결에 따라 탈해는 호공의 집을 차지하게 되었습니다. 사실 탈해는 호공의 집 마당에 몰래 숫돌과 숯 토막을 묻어 놓았던 것입니다.

※ 남해왕의 사위가 되다

얼마 뒤, 그 소문이 온 성안에 퍼졌습니다. 남해왕도 탈해의 대담함과 묘한 꾀를 알게 되었습니다.

"허허, 보통 사람이 아니로군. 장차 큰 인물이 될 거야."

남해왕은 탈해를 불러 여러 가지로 시험해 보았습니다. 과연 탈해는 사람들이 깜짝 놀랄 만큼 지혜로웠습니다.

"네 이름은 무엇인가?"

"탈해라고 합니다."

남해왕은 탈해의 지혜에 감탄하여 사위로 삼았습니다.

그 뒤로도 탈해의 신통함을 보여 주는 일들이 많이 일어났습니다.

하루는 탈해가 동악에 올라갔다가 목이 말라서 하인에게 물을 떠 오라고 시켰습니다.

물을 뜨러 간 하인은 물그릇을 들고 돌아오다가 목이 너무 말랐습니다.

'한 모금 마신다고 누가 알겠어.'

하인은 그만 참지 못하고 물을 한 모금 마셨습니다. 그 순간, 물그릇이 입에 쩍 달라붙었습니다.

하인은 놀라서 물그릇을 잡아당겼습니다. 그러나 아무리 세

게 잡아당겨도 물그릇은 입에서 떨어지지 않았습니다. 입술만 찢어질 듯 아팠습니다.

하인은 물그릇에 입이 붙은 채, 탈해가 있는 산 위로 올라와 솔직하게 말했습니다.

"목이 너무 말라서 먼저 물 한 모금을 마시다 이렇게 되었습니다."

"어째서 감히 네 녀석이 먼저 물을 마셨느냐?"

"하도 목이 말라서, 그만 죽을죄를 지었습니다. 제발 한 번만 용서해 주십시오."

"이번만 용서해 줄 테니, 앞으로는 조심하여라!"

탈해가 용서를 해 주자 그제야 물그릇이 입술에서 떨어졌습니다.

그 뒤로 모든 하인들이 탈해를 어려워했으며, 탈해의 명령이라면 무엇이든 순순히 따랐습니다.

남해왕이 죽자 아들인 유리왕이 그 뒤를 이었습니다. 유리왕은 왕위에 오른 지 33년 만에 세상을 떠났습니다.

❈ 왕위에 오른 탈해

57년 6월, 탈해는 유리왕의 뒤를 이어 신라 제4대 왕이 되었습니다.

그때 탈해왕은 자신의 성을 석씨로 삼았습니다.

까치가 우짖는 바람에 아진의선이라는 할머니가 배를 발견했고, 또 그 배에서 상자를 옮겨 탈해왕을 구해 냈기 때문에 '까치 작(鵲)' 자에서 '새 조(鳥)' 자를 떼어 내고 '석(昔)' 자로 성을 삼은 것입니다.

탈해왕은 왕위에 오른 지 23년 뒤에 세상을 떠났습니다. 신하들은 탈해왕을 소천이라는 언덕에 장사 지냈습니다.

그 뒤 탈해왕의 혼령이 나타나서 말했습니다.

"내 뼈를 조심해서 묻어라!"

대신들은 이상해하며 탈해왕의 무덤을 다시 파 보았습니다.

무덤에서 나온 탈해왕의 두개골은 둘레가 약 석 자 두 치나 되고, 키는 아홉 자 일곱 치가 훨씬 넘었습니다. 탈해왕의 뼈는 엉기어 하나처럼 되었고, 뼈마디는 모두 이어져 있었습니다. 세상에 맞설 상대가 없는 장사의 뼈였습니다.

조정에서는 그 뼈를 진흙과 함께 빚어 탈해왕의 조각상을 만들어 대궐 안에 모셨습니다.

그러자 또 탈해왕의 혼령이 나타나 말했습니다.

"내 모습을 빚은 조각을 동악에 묻어라!"

대신들은 그 조각을 다시 동악에 묻었습니다.

황금 상자에서 나온
김알지

아이의 이름은 '알지'라고 지었는데, 알지는 '어린아이'라는 뜻입니다.
성은 황금 상자에서 나왔다고 하여 '김'이라고 지었습니다.

❋ 숲속에서 나오는 이상한 빛

옛날 신라에 호공이라는 사람이 살고 있었습니다.

호공은 나라에서 높은 벼슬을 하고 있었는데, 언제나 월성 서쪽에 있는 울창한 숲을 지나 대궐에 드나들었습니다.

그 숲은 어찌나 울창한지, 대낮에도 빛이 들지 않아 몹시 컴컴했습니다.

어느 날 저녁이었습니다. 그날도 호공은 대궐에서 나랏일을 마치고 집으로 돌아오는 길이었습니다.

"웬 빛이지?"

대낮에도 굴속처럼 컴컴한 숲 쪽에서 이상한 빛이 새어 나오고 있었습니다.

'이상한 일이로군. 전에는 저런 빛을 본 적이 없었는데, 혹시 내가 잘못 본 게 아닐까?'

호공은 옷소매로 눈을 닦고 다시 숲 쪽을 바라보았습니다. 틀림없이 빛이 나오고 있었습니다.

호공은 숲으로 다가갔습니다. 그 앞으로 다가갈수록 빛은 점점 밝아지면서 길을 환하게 비추었습니다.

그때 자줏빛 구름이 하늘에서 쏜살같이 내려왔습니다.

"어이쿠!"

호공은 얼른 몸을 숨기고 살펴보았습니다.

숲으로 내려온 자줏빛 구름은 높고 찬란한 기둥이 되었습니다. 그 구름 기둥이 너무나 곱고 아름다워서 호공은 넋을 잃고 바라보았습니다.

'참으로 이상한 일이다. 하늘이 내게 기쁜 소식을 알려 주려

는 게 틀림없어.'

호공은 자줏빛 구름 기둥이 세워져 있는 곳으로 허둥지둥 달려갔습니다.

호공이 가까이 다가가 보니, 눈부시게 빛나는 자줏빛 구름 기둥 한가운데에 무엇인가가 걸려 있었습니다.

'저게 뭘까?'

호공은 두근거리는 마음을 억누르며 눈을 크게 뜨고 바라보았습니다. 그러나 너무나 눈부신 빛 때문에 무엇인지 알아볼 수가 없었습니다.

호공은 옷소매로 눈을 다시 닦았습니다. 그러나 여전히 어른거리기만 할 뿐, 무엇인지 알아보기가 어려웠습니다.

그때 하늘에서 소리가 들려왔습니다.

"호공아, 네가 보고자 하는 것을 보려면, 우선 네 마음을 맑게 닦아야 하느니라."

호공은 그제야 자신이 너무 들떠 있었던 것을 뉘우쳤습니다. 호공은 무릎을 꿇고 마음이 가라앉기를 기다렸습니다.

※ 황금 상자와 흰 닭

얼마 뒤, 호공은 일어나서 앞을 바라보았습니다. 그러자 이제까지 어른거리기만 하던 것이 또렷이 보였습니다.

나뭇가지에 걸려 있는 황금 상자에서 빛이 나와 구름 기둥처럼 보였던 것이었습니다.

나무 아래에는 어디서 나타났는지 깃털이 햇솜처럼 흰 닭 한 마리가 목청을 높여 울고 있었습니다.

"꼬끼오!"

닭 울음소리는 고요한 숲속에 널리 퍼졌습니다.

'이 닭은 하늘에서 내려온 것이 틀림없어.'

호공은 이 흰 닭의 울음소리가 보통 닭의 울음소리와 다르다는 것을 깨달았습니다. 그리고 밤이면 이 숲에서 닭 울음소리가 들려오던 일이 생각났습니다.

'황금 상자가 있는 것을 알리려고 이전부터 닭이 울었던 거야.'

호공은 집으로 돌아오자, 숲에서 보았던 일들을 아내에게 이야기해 주었습니다.

호공의 아내도 매우 놀랐습니다.

"정말로 신기한 일이네요. 내일 대궐에 들어가면 본 대로 임금님께 말씀을 드리세요."

다음 날 호공은 다른 날보다도 일찍 대궐로 들어갔습니다.

"임금님, 어제 숲에서 이상한 것을 보았습니다."

호공은 탈해왕에게 어젯밤에 본 황금 상자와 흰 닭에 대해 이야기했습니다.

탈해왕은 놀란 얼굴로 물었습니다.

"정말 숲속에 황금 상자가 있었단 말이오?"

"틀림없습니다. 눈부신 빛이 그 황금 상자에서 나오고 있었습니다."

"닭 울음소리는 어떠했소?"

"집에서 기르는 보통 닭의 울음소리와는 달랐습니다."

"그렇다면 틀림없이 하늘에서 내려온 닭인 모양이오."

"제 생각에도 그렇습니다."

"이건 틀림없이 나라에 기쁜 일이 있음을 하늘에서 알려 주려는 것이오. 당장 그 황금 상자가 있는 곳으로 갑시다."

탈해왕은 신하들을 거느리고 황금 상자가 있는 숲으로 갔습니다.

"저를 따라오십시오. 황금 상자가 있는 곳으로 안내하겠습니다."

호공은 앞장서서 숲으로 들어갔습니다.

풀잎에 맺힌 이슬방울들이 이른 아침의 햇빛을 받아 반짝반짝 빛나고 있었습니다.

탈해왕과 신하들이 숲이 우거진 곳에 다다랐을 때였습니다. 눈부신 빛이 여러 갈래로 새어 나오며 닭 울음소리가 들려왔습니다.

"꼬끼오!"

호공이 먼저 소리가 나는 곳으로 다가갔습니다.

"저기입니다."

호공은 손가락으로 나무 위를 가리켰습니다.

탈해왕과 신하들은 호공이 가리키는 나뭇가지 위를 바라보았습니다. 그곳에는 눈부신 빛을 내는 황금 상자가 걸려 있었습니다.

나무 아래에는 흰 수탉이 목을 길게 뽑고서 '꼬끼오!' 하고 울고 있었습니다. 그 소리는 마치 '어서 오십시오.'라고 말하는 것 같았습니다.

황금 상자가 걸려 있는 나무 주위는 눈부신 빛으로 온통 휩싸여 있었습니다.

황금 상자에서 나온 알지

탈해왕은 신하들에게 나뭇가지에 걸려 있는 황금 상자를 내리도록 했습니다.

신하들은 그 상자를 조심스럽게 들어 내렸습니다.

황금 상자가 나무에서 내려와 땅에 닿는 순간, 나무 아래에서 울고 있던 흰 닭이 하늘로 날아올랐습니다. 그러더니 순식간에 어디론가 날아가 버렸습니다.

"정말 신기한 일입니다."

"도저히 믿을 수가 없습니다."

신하들이 놀라서 멍하니 서 있자, 탈해왕이 명령했습니다.

"황금 상자를 더욱 조심스럽게 다루어라."

신하들은 황금 상자를 탈해왕 앞으로 조심조심 옮겼습니다. 탈해왕은 마음을 가다듬고 말했습니다.

"이제 상자의 뚜껑을 열도록 하여라."

신하들이 황금 상자의 뚜껑을 열었습니다.

그 순간, 아이의 울음소리가 들려왔습니다.

황금 상자 안에는 귀엽고 잘생긴 사내아이가 누워 있었습니다.

탈해왕은 신하들을 둘러보며 웃음이 가득한 얼굴로 말했습니다.

"하늘에서 보내신 아기인가 보오."

"그렇습니다. 대궐에 왕자님이 없으신 것을 알고 하늘에서 보내신 아기입니다."

신하들은 입을 모아 말했습니다.

탈해왕과 신하들은 너무나 기뻤습니다. 짐승들도 덩달아 춤을 추며 기뻐했습니다.

탈해왕은 아이를 품에 안고 말했습니다.

"나에게 아직까지 왕자가 없어 쓸쓸했는데, 이제 하늘에서 이 아기를 내려주셨소. 나는 이것을 하늘의 뜻으로 알고, 이 아기를 내 아들로 삼고자 하오."

신하들은 모두 기뻐했습니다.

탈해왕과 신하들은 아이를 안고 대궐로 돌아왔습니다.

탈해왕은 그 아이를 무척 귀여워했습니다.

아이의 이름은 '알지'라고 지었는데, 알지는 '어린아이'라는 뜻입니다. 성은 황금 상자에서 나왔다고 하여 '김'이라고 붙였습니다.

김알지는 매우 영리하고 슬기로웠습니다. 생각하는 것도 넓고 깊었습니다. 거기에다 마음도 어질고 착했습니다.

김알지는 훌륭하게 잘 자라서 나라를 위해 큰일을 많이 했습니다.

탈해왕은 김알지를 태자로 삼았습니다. 하지만 김알지는 파사왕에게 양보하고 왕의 자리에 오르지 않았습니다.

파사왕은 신라 제3대 왕인 유리왕의 아들입니다. 훗날 김알지의 후손인 미추가 왕의 자리에 오르니, 신라의 김씨(경주 김씨를 뜻함)는 알지로부터 비롯되었습니다.

동해의 용이 된
문무왕

문무왕은 평소에 늘 말했습니다.
"나는 죽은 뒤에도 나라를 지키는 동해의 용이 되고 싶소.
저승에서라도 부처님의 가르침을 받들어 나라를 지킬 것이오."

❈ 당나라 군사를 물리치다

 신라 문무왕 7년(668), 백제를 멸망시킨 신라는 다시 고구려를 칠 계획을 세웠습니다.

 문무왕은 장수들을 거느리고 직접 평양성까지 쳐들어갔습니다.

 드디어 신라는 당나라 장수 이적이 이끄는 군사와 힘을 합하여 고구려를 멸망시켰습니다.

 싸움이 끝난 뒤, 이적은 고구려의 보장왕을 사로잡아 당나라로 끌고 갔습니다. 그러나 대부분의 당나라 군사는 고구려 땅에 머물러 있었습니다.

당나라 군사들은 늘 무기를 손보고 훈련을 계속했습니다. 신라마저 당나라 영토로 만들 속셈이었습니다.

그러한 당나라의 속셈을 신라에서 알아차리지 못할 리가 없었습니다.

'가만히 앉아서 나라가 망하는 것을 볼 수는 없다. 당나라에게 당하기 전에 우리가 먼저 치자!'

문무왕은 군사를 일으켜 당나라 군사를 쳤습니다.

당나라에서도 가만히 있지 않았습니다.

"너희들은 우리의 도움을 받아 백제를 쳤고, 또 고구려까지 멸망시켰다. 그런데 우리 군사를 치다니 도저히 참을 수가 없다."

당나라 고종은 당시 당나라에 와 있던 문무왕의 동생 김인문을 꾸짖으며 옥에 가두었습니다.

뿐만 아니라 장수 설방에게 군사 50만 명을 주어서 신라를 칠 계획을 세웠습니다.

그 무렵, 신라의 스님 의상은 당나라에서 불법을 배우고 있었습니다. 어느 날 의상은 옥으로 김인문을 찾아갔다가 당나라의 계획을 알게 되었습니다.

'큰일났구나!'

의상은 서둘러 신라로 돌아와 문무왕에게 그 사실을 알렸습니다.

문무왕은 곧 대신들을 불러 놓고 대책을 물었습니다.

대신 김천존이 말했습니다.

"요즘 명랑 법사가 용궁에 들어가서 비법을 배워 왔다고 합니다. 그러니 명랑 법사를 불러 물어보시면, 반드시 좋은 방법이 나올 것입니다."

❈ 명랑 법사의 도움

문무왕은 곧 명랑 법사를 불러 도움을 요청했습니다.

"당나라에서 오십만 대군을 보내 우리나라를 칠 것이라고 하는데, 이를 막을 방법이 없겠소?"

"낭산 남쪽에 신유림이라는 숲이 있습니다. 그곳에 절을 짓고 부처님의 가르침을 널리 펴시면 화를 피할 것입니다. 절 이름은 '사천왕사'라고 지으십시오!"

명랑 법사가 말했습니다.

"알겠소. 어서 절을 짓도록 하겠소."

명랑 법사의 말에 문무왕은 마음이 놓였습니다.

바로 그때였습니다. 정주에서 군사가 달려와 문무왕에게 보고했습니다.

"지금 수많은 당나라 군사가 배를 타고 우리 국경 가까이에 나타나 쳐들어올 준비를 하고 있습니다."

문무왕이 다시 명랑 법사에게 물었습니다.

"일이 이토록 급하게 되었는데, 절을 어떻게 세운단 말이오. 다른 방법은 없겠소?"

"다른 방법은 없습니다. 우선 임시로라도 사천왕사를 세워야 합니다. 아름다운 비단을 둘러쳐서 절처럼 만들고, 사천왕

사라는 현판을 달도록 하십시오."

 문무왕은 사람들을 시켜 급히 절터를 닦고, 그곳에 비단을 둘러쳐서 임시로 절을 만들었습니다.

 절에는 마른풀로 부처도 만들어 정성껏 모셨습니다.

 또 신통한 힘을 지닌 스님 12명을 모아 그 우두머리에 명랑

을 임명했습니다. 그리고 스님들에게 신비로운 술법을 쓰도록 했습니다.

그러자 아직 싸움도 시작하기 전인데, 갑자기 바다에 바람이 몰아치며 큰 파도가 일기 시작했습니다. 산더미 같은 파도에 당나라 군사를 실은 배가 뒤집혀 당나라 군사들이 모두 물에 빠져 죽었습니다.

일단 싸움이 끝나자 문무왕은 절을 다시 고쳐 지었습니다. 웅장한 절이 만들어지자 사천왕사라는 현판도 크게 고쳐 달았습니다.

한편, 당나라 고종은 한층 더 화가 나서 다시 신라를 칠 계획을 세웠습니다.

문무왕 10년(671), 당나라는 다시 조헌이라는 장수에게 5만 명의 군사를 주어 신라를 공격하게 했습니다.

문무왕은 명랑에게 지난번과 같은 비법을 쓰게 했습니다. 그러자 당나라 군사는 이번에도 역시 신라 땅에 발도 대어 보지 못하고 모두 물에 빠져 죽었습니다.

❊ 당나라 고종을 속이다

이 소식은 곧 당나라에 전해졌습니다.

화가 난 당나라 고종은 감옥에 갇혀 있는 신라 사람 박문준을 불러냈습니다. 박문준은 김인문과 함께 옥살이를 하고 있었습니다.

당나라 고종이 물었습니다.

"도대체 너희 나라에서는 무슨 비법을 쓰기에 내가 두 차례나 보낸 군사가 한 명도 살아오지 못하는 것이냐?"

박문준이 대답했습니다.

"제가 이곳 당나라에 온 지 벌써 십 년이나 지났습니다. 그러니 어찌 그 사정을 알 수가 있겠습니까? 그러나 소문에 듣자하니……."

"무슨 소문을 들었느냐?"

"우리 신라는 당나라의 도움을 받아 백제와 고구려를 쳐 하나로 통일한 뒤 태평스럽게 지내고 있습니다. 그것이 모두 당나라의 은혜라 생각하고, 신라에서는 당나라 황제 폐하의 만수무강을 빌기 위해 사천왕사라는 절까지 지었다고 합니다. 제가 들은 소문은 단지 이것뿐입니다."

"그게 정말이냐?"

박문준의 말을 들은 당나라 고종은 기분이 몹시 좋았습니다. 그래도 정확히 알기 위해 신라에 사신을 보내서 박문준의 이야기가 맞는지 살펴보게 했습니다.

이때, 당나라 사신으로 신라에 온 사람은 악붕구였습니다.

한편, 신라 조정에서는 당나라에서 사신이 온다는 말을 듣고 회의를 열었습니다.

"당나라에서 사천왕사를 보러 온다고 하는데, 이 일을 어쩌면 좋소?"

신라에서는 당나라 사신에게 사천왕사를 보여 줄 수가 없었습니다. 사천왕사는 당나라 황제를 위해 세운 것이 아니었기 때문입니다. 또 신비스런 비법을 쓰는 이름 높은 스님들을 만나게 해서는 안 된다고 생각했습니다.

"다른 절을 지어 사천왕사라고 보여 주면 어떨까요?"

"좋은 생각이오."

문무왕은 사천왕사 남쪽에 새로운 절을 짓도록 했습니다. 그러고는 당나라 사신이 오자, 그 절을 보여 주었습니다.

"이 절은 사천왕사가 아닙니다."

당나라 사신은 속지 않았습니다.

신라에서는 당나라 사신에게 금 1000냥을 주었습니다. 재물에 눈이 어두워진 당나라 사신은 자기 나라에 돌아가 거짓말을 했습니다.

"신라에서는 사천왕사라는 웅장한 절을 세워 놓고, 황제 폐하의 만수무강을 빌고 있었습니다."

당나라 고종은 그 말을 믿고 기뻐하며, 김인문과 박문준을 옥에서 풀어 주었습니다.

"우리 당나라를 위해 절까지 지어 놓고 기도드리는 나라를 치려 했으니, 하늘이 노하셨던 거야!"

당나라 고종은 다시는 신라를 칠 생각을 하지 않게 되었습니다.

문무왕은 나라를 다스린 지 21년 만인 681년에 세상을 떠났습니다.

문무왕은 평소에 늘 말했습니다.

"나는 죽은 뒤에도 나라를 지키는 동해의 용이 되고 싶소. 저승에서라도 부처님의 가르침을 받들어 나라를 지킬 것이오."

문무왕은 또 자기가 죽거든 동해 가운데에 있는 큰 바위 밑에 장사 지내라는 유언을 남겼습니다.

신라 조정에서는 문무왕의 뜻을 받들어 동해 가운데에 있는 바위 밑에 문무왕을 장사 지냈습니다. 그 바위가 바로 대왕암입니다.

고구려 왕조 계보

- 제1대 **동명성왕** (기원전 37~기원전 19)
- 제2대 유리왕 (기원전 19~서기 18)
- 제3대 대무신왕 (18~44)
- 제4대 민중왕 (44~48)
- 제5대 모본왕 (48~53)
- 제6대 태조왕 (53~146)
- 제7대 차대왕 (146~165)
- 제8대 신대왕 (165~179)
- 제9대 고국천왕 (179~197)
- 제10대 산상왕 (197~227)
- 제11대 동천왕 (227~248)
- 제12대 중천왕 (248~270)
- 제13대 서천왕 (270~292)
- 제14대 봉상왕 (292~300)
- 제15대 미천왕 (300~331)
- 제16대 고국원왕 (331~371)
- 제17대 소수림왕 (371~384)
- 제18대 고국양왕 (384~391)
- 제19대 광개토 대왕 (391~413)
- 제20대 장수왕 (413~491)
- 제21대 문자왕 (491~519)
- 제22대 안장왕 (519~531) 
- 제23대 안원왕 (531~545)
- 제24대 양원왕 (545~559)
- 제25대 평원왕 (559~590)
- 제26대 영양왕 (590~618)
- 제27대 영류왕 (618~642)
- 제28대 보장왕 (642~668)

백제 왕조 계보

신라 왕조 계보

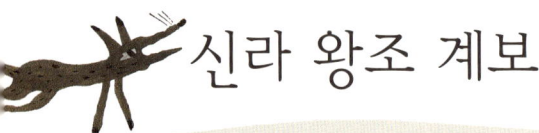

- 제1대 **박혁거세** (기원전 57~서기 4)
- 제2대 남해왕 (4~24)
- 제3대 유리왕 (24~57)
- 제4대 탈해왕 (57~80)
- 제5대 파사왕 (80~112)
- 제6대 지마왕 (112~134)

- 제18대 실성왕 (402~417)
- 제19대 눌지왕 (417~458)
- 제20대 자비왕 (458~479)
- 제21대 소지왕 (479~500)
- 제22대 지증왕 (500~514)
- 제23대 법흥왕 (514~540)
- 제24대 진흥왕 (540~576)
- 제25대 진지왕 (576~579)
- 제26대 진평왕 (579~632)
- 제27대 선덕 여왕 (632~647)
- 제28대 진덕 여왕 (647~654)

- 제41대 헌덕왕 (809~826)
- 제42대 흥덕왕 (826~836)
- 제43대 희강왕 (836~838)
- 제44대 민애왕 (838~839)
- 제45대 신무왕 (839~839)
- 제46대 문성왕 (839~857)
- 제47대 헌안왕 (857~861)
- 제48대 경문왕 (861~875)
- 제49대 헌강왕 (875~886)
- 제50대 정강왕 (886~887)

어린이 삼국유사 1

1판 1쇄 인쇄 | 2007. 3. 26
1판 22쇄 발행 | 2022. 11. 1

어린이 삼국유사 편찬위원회 글 | 한창수 그림
한국역사연구회 추천 및 감수

발행처 김영사 | **발행인** 고세규
등록번호 제406-2003-036호
등록일자 1979. 5. 17
주소 경기도 파주시 문발로 197(우.108881)
전화 마케팅부 031-955-3100 편집부 031-955-3113~20
팩스 031-955-3111

ⓒ 2007 김영사
이 책의 저작권은 김영사에게 있습니다.
서면에 의한 김영사의 허락 없이 내용의 일부를 인용하거나 발췌하는 것을 금합니다.

값은 표지에 있습니다.
ISBN 978-89-349-2267-4 74900

좋은 독자가 좋은 책을 만듭니다.
김영사는 독자 여러분의 의견에 항상 귀 기울이고 있습니다.
독자의견전화 031-955-3139 | 전자우편 book@gimmyoung.com
홈페이지 www.gimmyoungjr.com | 어린이들의 책놀이터 cafe.naver.com/gimmyoungjr

---

어린이제품 안전특별법에 의한 표시사항

제품명 도서 제조년월일 2022년 11월 1일 제조사명 김영사 주소 10881 경기도 파주시 문발로 197
전화번호 031-955-3100 제조국명 대한민국 ⚠ 주의 책 모서리에 찍히거나 책장에 베이지 않게 조심하세요.